First words in
SPANISH

¡Hola!

Button BOOKS

First published 2016 by Button Books, an imprint of Guild of Master Craftsman
Publications Ltd, Castle Place, 166 High Street, Lewes, East Sussex, BN7 1XU.

Text © GMC Publications Ltd, 2016
Copyright in the Work © GMC Publications Ltd, 2016
Illustrations © 2016 A.G. & RicoBel.

ISBN 978 1 90898 578 1

Distributed by Publishers Group West in the United States.

Publisher: Jonathan Bailey; Production Manager: Jim Bulley; Senior Project Editor:
Virginia Brehaut; Managing Art Editor: Gilda Pacitti.

Color origination by GMC Reprographics. Printed and bound in China.

Contents

En la playa

At the beach

la pelota
beach ball

la estrella de mar
starfish

el cangrejo
crab

la arena
sand

el castillo de arena
sandcastle

el faro
lighthouse

el surfear a vela
windsurfing

la gaviota
seagull

el helado
ice cream

el mar
sea

el bote inflable
inflatable raft

las conchas
shells

el barco
boat

7

En el aeropuerto

At the airport

el operador de
plataforma
runway signalman

8

los pasajeros
passengers

el control de pasaportes
passport control

el equipaje
baggage

el avión
airplane

los carritos de equipaje
baggage cart

9

el tractor
tractor

En la granja

At the farm

la vaca
cow

la cabra
goat

la oveja
sheep

el gallo
rooster

el cerdo
pig

el granjero
farmer

la gallina
hen

el pollito
chick

11

Los números

Numbers

0 cero
zero

1 uno/una
one

2 dos
two

3 tres
three

4 cuatro
four

5 cinco
five

6 seis
six

7 siete
seven

8 ocho
eight

9 nueve
nine

10 diez
ten

11 once
eleven

12 doce
twelve

13 trece
thirteen

14 catorce
fourteen

15 quince
fifteen

16 dieciséis
sixteen

17 diecisiete
seventeen

18 dieciocho
eighteen

19 diecinueve
nineteen

20 veinte
twenty

30 treinta
thirty

40 cuarenta
forty

50 cincuenta
fifty

60 sesenta
sixty

70 setenta
seventy

80 ochenta
eighty

90 noventa
ninety

100 cien/ciento
one hundred

1000 mil
one thousand

1 000 000 un millón
one million

Las cuatro estaciones

The four seasons

la primavera
spring

el verano
summer

el otoño
fall

el invierno
winter

Los colores
Colors

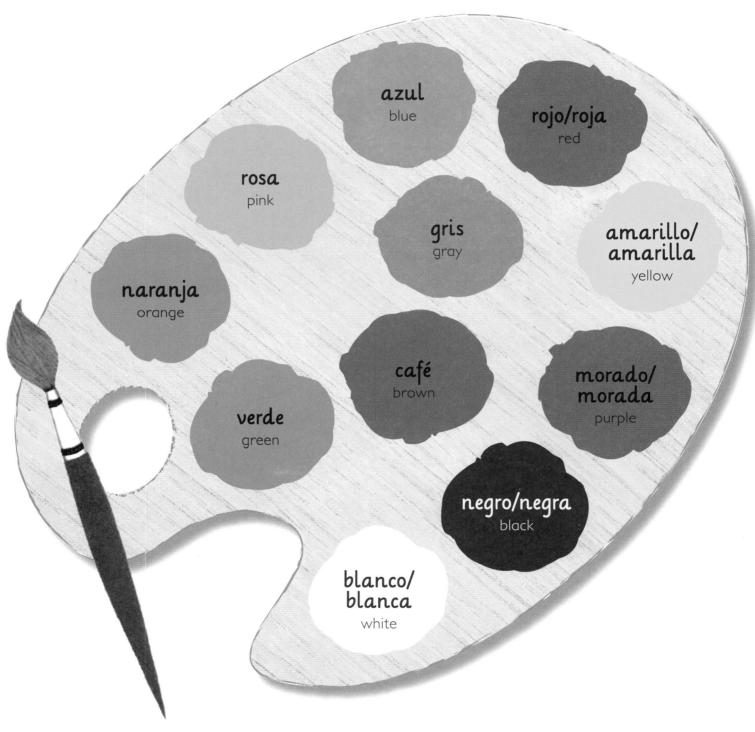

azul
blue

rojo/roja
red

rosa
pink

gris
gray

amarillo/
amarilla
yellow

naranja
orange

café
brown

morado/
morada
purple

verde
green

negro/negra
black

blanco/
blanca
white

¿De qué color
es cada objeto?

Say what color each object is.

15

Los animales

Animals

el ratón
mouse

el gato
cat

el conejo
rabbit

el zorro
fox

el pez de colores
goldfish

el lagarto
lizard

la tortuga
tortoise

el perro
dog

el erizo
hedgehog

el caballo
horse

el búho
owl

el loro
parrot

el venado
deer

el tucán
toucan

la langosta
lobster

el pulpo
octopus

el tiburón
shark

la ballena
whale

el tigre
tiger

el león
lion

En el zoológico

At the zoo

el oso
bear

el pingüino
penguin

la jirafa
giraffe

18

el mono
monkey

el cocodrilo
crocodile

el león marino
sea lion

el canguro
kangaroo

la cebra
zebra

el elefante
elephant

la serpiente
snake

19

Las habitaciones
Rooms

el cuarto de baño
bathroom

la sala
living room

el dormitorio
bedroom

el desván
attic

la cocina
kitchen

el comedor
dining room

21

la pared
wall

la luz
light

la televisión
television

la alfombra
carpet

En casa

At home

la llave
key

el reloj
clock

la ventana
window

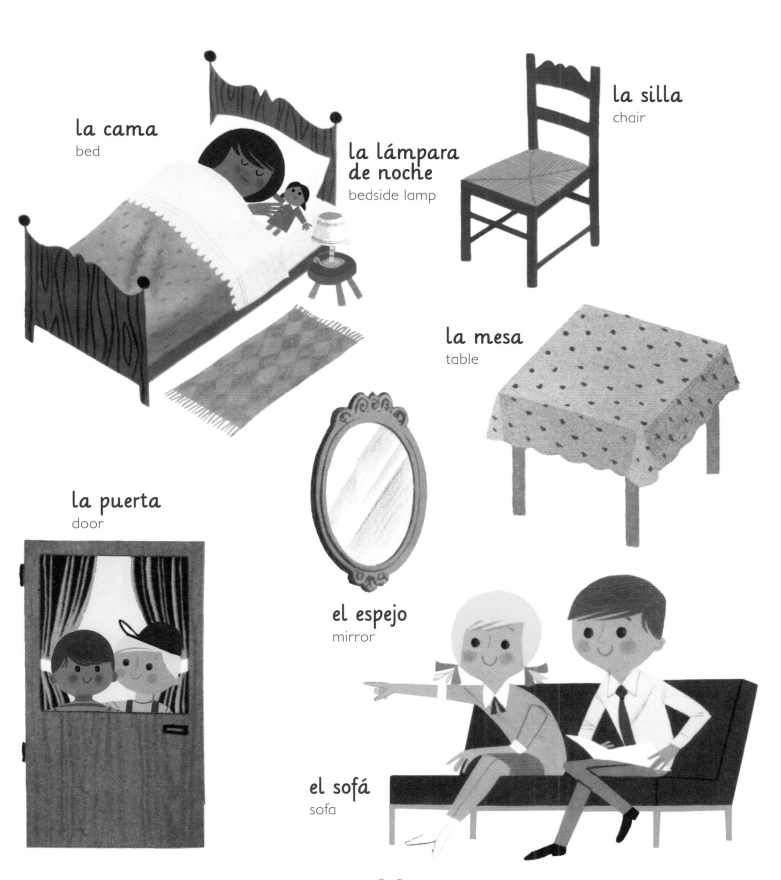

la cama
bed

la lámpara de noche
bedside lamp

la silla
chair

la mesa
table

la puerta
door

el espejo
mirror

el sofá
sofa

23

En el parque

In the park

los árboles
trees

la fuente
fountain

el carrusel
merry-go-round

la ardilla
squirrel

el globo
balloon

**el barco
de juguete**
toy boat

la patineta
scooter

el papalote
kite

la banca
bench

la paloma
pigeon

el ping-pong
ping pong

Los deportes

Sports

la natación
swimming

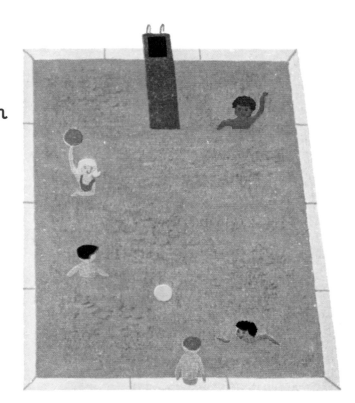

el fútbol
soccer

26

el hockey
field hockey

el rugby
rugby

el tenis
tennis

el esquí
skiing

el hockey sobre hielo
hockey

27

Las formas

Shapes

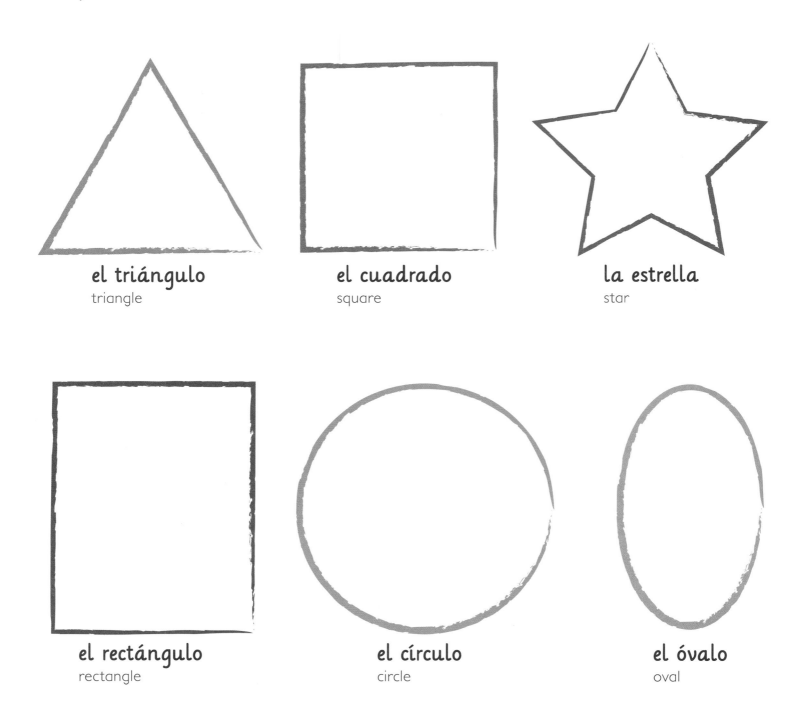

el triángulo
triangle

el cuadrado
square

la estrella
star

el rectángulo
rectangle

el círculo
circle

el óvalo
oval

¿Qué formas ves aquí?

Which shapes can you see here?

Encuentra las palabras correspondientes a los dibujos

Match the words to the pictures

el cangrejo   el gato   la cama   el perro   la ventana
el helado   dieciséis   el zorro   el cerdo   la silla
el árbol   la vaca   cuatro   la pelota   el elefante
rojo   el reloj   el búho   el mar   seis
la mesa   el triángulo   el faro   el león

En las tiendas

At the stores

la panadería
bakery

la verdulería
fruit and vegetable store

la juguetería
toy store

la tienda de ropa
clothing store

32

¿A dónde vas para comprar...?

Where do you go to buy...?

Comidas y bebidas
Food and drink

la servilleta
napkin

la botella
bottle

la jarra
jug

el mantel
tablecloth

el plato
plate

el cuchillo
knife

el tenedor
fork

el vaso
glass

la cuchara
spoon

la taza
cup

el plato hondo
bowl

la sal
salt

la pimienta
pepper

el agua
water

el pan
bread

la mantequilla
butter

el aceite de oliva
olive oil

la sopa
soup

el arroz
rice

las papas fritas
French fries

la pasta
pasta

la ensalada
salad

el pescado
fish

el pollo
chicken

la carne de vaca
beef

la carne de cerdo
pork

las galletas
crackers

el pastel
cake

los dulces
candy

la malteada
milkshake

El desayuno
Breakfast

el cereal
cereal

la leche
milk

el yogur
yogurt

el pan tostado
toast

la mermelada
jam

la miel
honey

el jugo de naranja
orange juice

los huevos
eggs

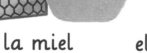

**el pan
de cuerno**
croissant

el chocolate
hot chocolate

el té
tea

el café
coffee

el azúcar
sugar

36

la pluma	la ventana	el perro	la cocina	el baño
la mesa	el conejo	el reloj	la regla	el avión
el libro	la mamá	el papá	el gato	la puerta
la maleta	la silla	el vestido	el armario	el lápiz
rojo/roja	azul	blanco/blanca	negro/negra	gris
amarillo/amarilla	naranja	verde	morado/morada	rosa
los zapatos	el ratón	la leche	la taza	el paraguas
el cuarto de baño	el pan	la mantequilla	el queso	los guantes
el cerdo	el cielo	la sala	los calcetines	la pared
el mar	la botella	la jarra	el sofá	la cama

la casa	el jardín	el estante	la caja	el azúcar
la alfombra	la pelota	el coche	el papel	las flores
el espejo	la pierna	los juguetes	el saco	la ropa
el río	la oveja	el tigre	la mariposa	el camión
la playa	el pingüino	el comedor	la tienda	el pupitre
las botas	el plato	la toalla	el cepillo de dientes	la pasta de dientes
la cuchara	el tenedor	el cuchillo	el cepillo del pelo	el jabón
el vaso	el dormitorio	la llave	la luz	la escuela
la sal	el abrigo	los pantalones	el oso	el barco
mis amigos/amigas	mi hermano	mi hermana	las tijeras	la bicicleta

Un picnic

A picnic

las mariposas
butterflies

la cesta
basket

la bebida
drink

los sándwiches
sandwiches

la manta
blanket

el queso
cheese

la tarta de frutas
fruit tart

el jamón
ham

el melón
melon

el césped
grass

las hormigas
ants

Frutas y verduras

Fruit and vegetables

la manzana
apple

el plátano
banana

la pera
pear

la sandía
watermelon

la fresa
strawberry

la frambuesa
raspberry

la lima
lemon

el limón
lime

la naranja
orange

las cerezas
cherries

el durazno
peach

el melón
melon

la piña
pineapple

la ciruela
plum

el higo
fig

las uvas
grapes

38

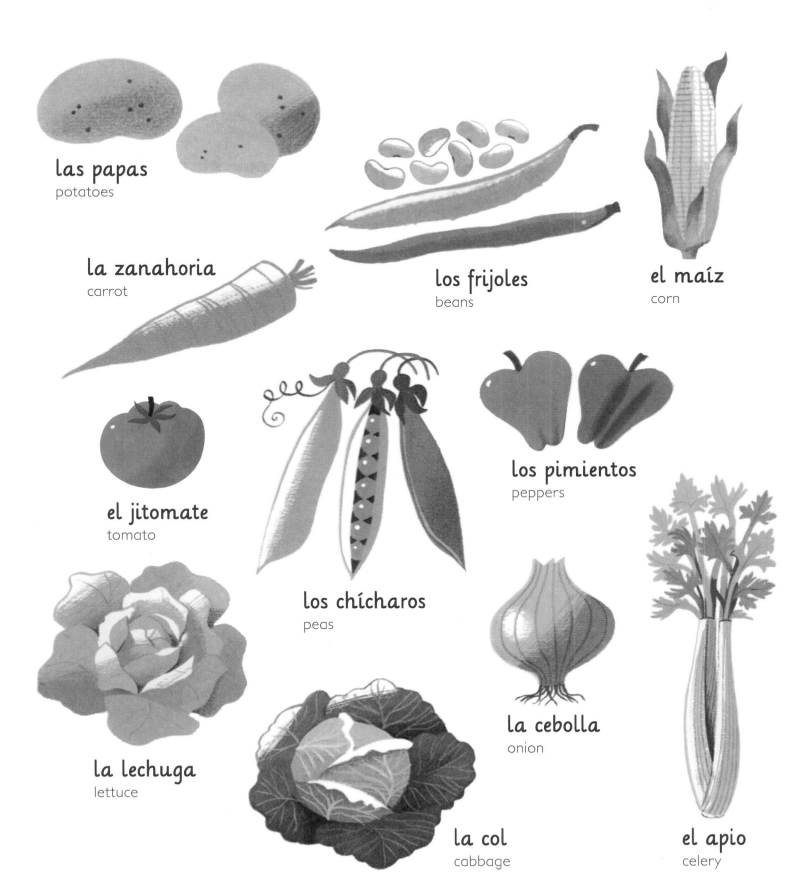

las papas
potatoes

los frijoles
beans

el maíz
corn

la zanahoria
carrot

el jitomate
tomato

los chícharos
peas

los pimientos
peppers

la lechuga
lettuce

la col
cabbage

la cebolla
onion

el apio
celery

39

Ropa y complementos

Things we wear

el vestido
dress

los calcetines
socks

el abrigo
coat

los pantalones
pants

la bufanda
scarf

la falda
skirt

el suéter
sweater

los guantes
gloves

los anteojos
glasses

la camisa
shirt

los zapatos
shoes

el gorro
woolly hat

las botas
boots

el reloj
watch

40

En la escuela

At school

los libros
books

el lápiz
pencil

la pluma
pen

la maestra
teacher

el escritorio
desk

el pincel
paintbrush

las tijeras
scissors

los alumnos
students

el papel
paper

el globo terráqueo
globe

41

El río

The river

el pato
duck

el pez
fish

42

el puente
bridge

el ganso
goose

la rana
frog

la libélula
dragonfly

el cisne
swan

43

En el jardín

In the garden

el caracol
snail

la catarina
ladybug

el invernadero
greenhouse

la abeja
bee

el rastrillo
rake

la lombriz
worm

la regadera
watering can

el pájaro
bird

la flor
flower

las hojas
leaves

45

El clima

The weather

el sol
sun

las nubes
clouds

el relámpago
flash of lightning

la lluvia
rain

el viento
wind

el charco
puddle

la nieve
snow

47

Los viajes
Travel

el mapa
map

el barco
ferry

el metro
subway train

48

el tren
train

la estación
station

el túnel
tunnel

los boletos
tickets

49

En el camino

On the road

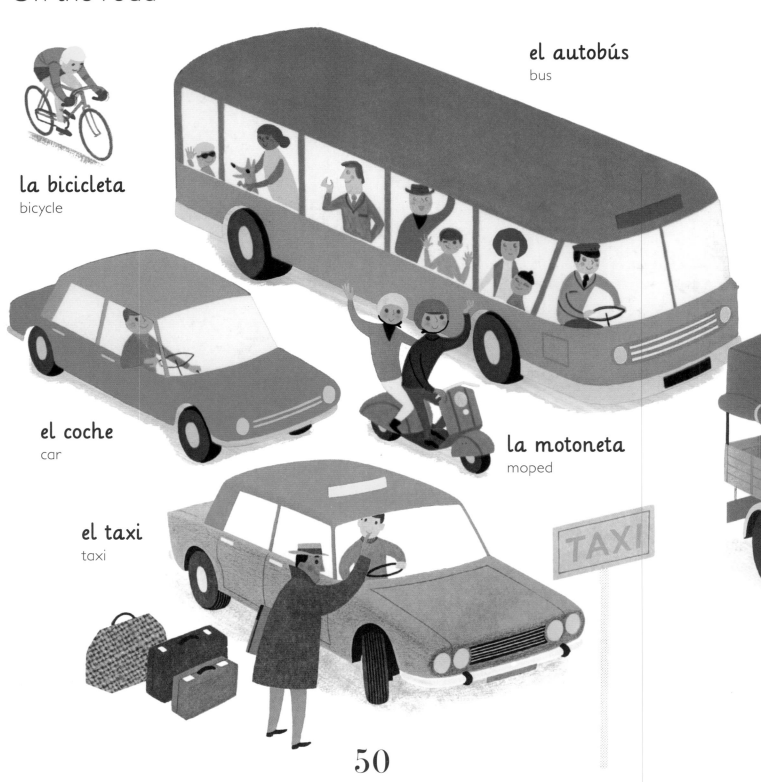

la bicicleta
bicycle

el autobús
bus

el coche
car

la motoneta
moped

el taxi
taxi

TAXI

50

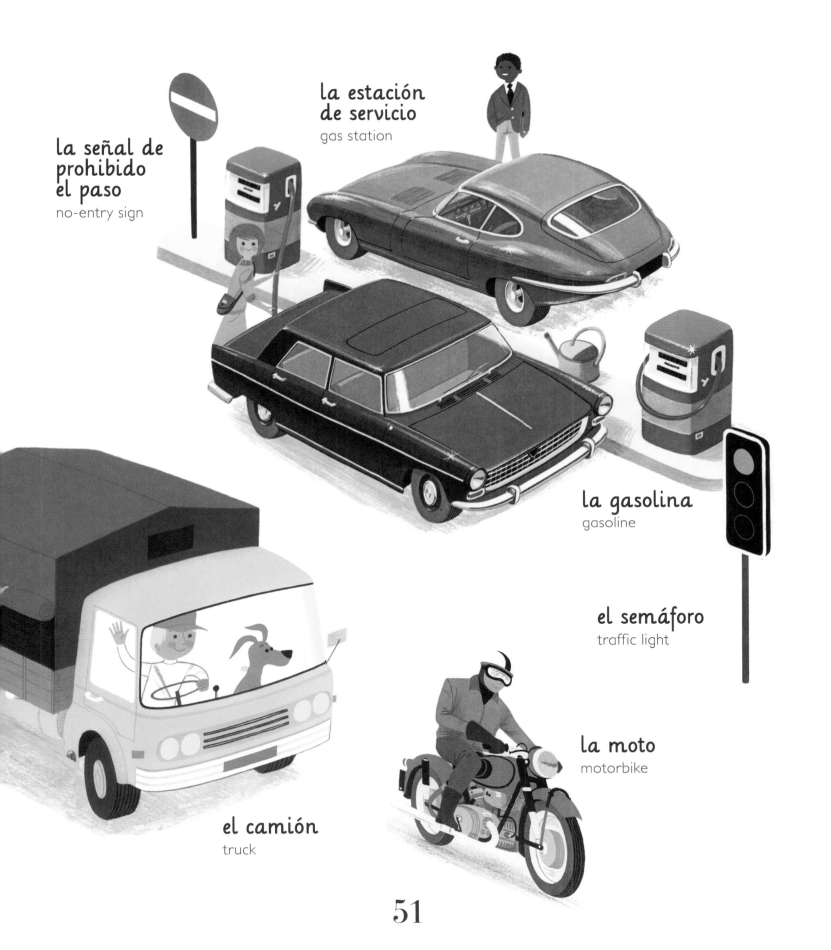

la señal de
prohibido
el paso
no-entry sign

la estación
de servicio
gas station

la gasolina
gasoline

el semáforo
traffic light

la moto
motorbike

el camión
truck

51

Encuentra las palabras correspondientes a los dibujos

Match the words to the pictures

las frutas el pato el círculo la bufanda el pez
los boletos la zanahoria el plátano los huevos
el coche las flores el caracol las uvas el autobús
el lápiz la bicicleta el sol la sandía el pan
la abeja el vaso la hormiga los libros el vestido

English to Spanish dictionary

airplane **el avión** *av-YON*
airport **el aeropuerto**
  air-o-PWAIR-to
ambulance **la ambulancia**
  am-boo-LAN-see-a
animal **el animal** *an-ee-MAL*
ant **la hormiga** *or-MEE-ga*
apple **la manzana** *man-SA-na*
attic **el desván** *dez-VAN*
bag **el saco** *SA-ko*
baggage **el equipaje** *e-kee-PA-hay*
baggage cart **los carritos de**
  equipaje *ka-RRI-tos day*
  e-kee-PA-hes
bakery **la panadería**
  pa-na-de-REE-a
ball **la pelota** *pe-LO-ta*
balloon **el globo** *GLO-vo*
banana **el plátano** *PLA-ta-no*
basket **la cesta** *SES-ta*
bath **el baño** *BAN-yo*
bathroom **el cuarto de baño**
  KWAR-to day BAN-yo
beach **la playa** *PLAEE-ya*
beach ball **la pelota** *pe-LO-ta*
beans **los frijoles** *free-HO-lays*
bear **el oso** *O-so*
bed **la cama** *KA-ma*
bedroom **el dormitorio**
  dor-mee-TO-rio
bedside lamp **la lámpara de**
  noche *LAM-pa-ra day NO-chay*
bee **la abeja** *a-VAY-ha*
beef **la carne de vaca** *KAR-ne*
  day BA-ka
bench **la banca** *BANK-ya*
bicycle **la bicicleta** *bee-see-KLAY-ta*
bird **el pájaro** *PA-ha-ro*
black **negro/negra** *NAY-gro/NAY-gra*
blanket **la manta** *MAN-ta*
blue **azul** *a-SOOL*
boat (ferry) **el barco** *BAR-ko*
book **el libro** *LEE-bro*
boots **las botas** *BO-tas*
bottle **la botella** *bo-TAIL-ya*
bowl **el plato hondo**
  PLA-to ON-do
box **la caja** *KA-ha*
boy **el niño** *NEEN-yo*
bread **el pan** *pan*

breakfast **el desayuno**
  des-aee-YOO-no
bridge **el puente** *PWEN-tay*
brother **el hermano** *air-MA-no*
brown **café** *ka-FEY*
bus **el autobús** *ow-to-BOOS*
butter **la mantequilla**
  man-tay-KEEL-ya
butterfly **la mariposa** *ma-ree-PO-sa*
cabbage **la col** *col*
cake **el pastel** *pas-TEL*
candy **los dulces** *DOOL-sess*
car **el coche** *KO-chay*
carpet **la alfombra** *al-FOM-bra*
carrot **la zanahoria** *sa-na-OR-ee-a*
cat **el gato** *GA-to*
celery **el apio** *A-pee-o*
cereal **el cereal** *se-re-AL*
chair **la silla** *SEEL-ya*
cheese **el queso** *KAY-so*
cherry **la cereza** *se-RAY-sa*
chick **el pollito** *pol-YEE-to*
chicken **el pollo** *POL-yo*
circle **el círculo** *SEER-koo-lo*
clock **el reloj** *re-LOH*
clothes **la ropa** *RO-pa*
clothing store **la tienda de ropa**
  TYEN-da day RO-pa
cloud **la nube** *NOO-vay*
coat **el abrigo** *a-VREE-go*
coffee **el café** *ka-FAY*
color **el color** *ko-LOR*
comb **el peine** *PAY-ne*
corn **el maíz** *ma-EES*
cow **la vaca** *BA-ka*
crab **el cangrejo** *kan-GRAY-ho*
cracker **la galleta** *gal-YAY-ta*
crocodile **el cocodrilo** *co-co-DREE-lo*
croissant **el pan de cuerno**
  PAN day KWAYR-no
cup **la taza** *TA-sa*
dad **el papá** *pa-PA*
deer **el venado** *be-NA-though*
desk **el escritorio** *es-kree-TOR-eeo*
dining room **el comedor**
  ko-may-DOR
dog **el perro** *PE-rro*
donkey **el burro** *BOO-rro*
door **la puerta** *PWAIR-ta*
dragonfly **la libélula** *lee-VELL-oo-la*
dress **el vestido** *be-STEED-o*
drink **la bebida** *be-VEE-da*
duck **el pato** *PA-to*
egg **el huevo** *WAY-vo*

eight **ocho** *OTCH-o*
eighteen **dieciocho**
  dee-es-ee-OTCH-o
eighty **ochenta** *otch-EN-ta*
elephant **el elefante** *ay-lay-FAN-tay*
eleven **once** *ON-say*
envelope **el sobre** *SO-bray*
fall **el otoño** *o-TON-yo*
farm **la granja** *GRAN-ha*
farmer **el granjero** *gran-HAIR-o*
field hockey **el hockey** *O-kee*
fifteen **quince** *KEEN-say*
fifty **cincuenta** *seen-KWEN-ta*
fig **el higo** *EE-go*
fish **el pez** *pes*
five **cinco** *SEENK-o*
flower **la flor** *flor*
food **la comida** *ko-MEE-da*
fork **el tenedor** *tay-nay-DOR*
forty **cuarenta** *kwa-RENT-a*
fountain **la fuente** *FWEN-tay*
four **cuatro** *KWA-tro*
fourteen **catorce** *ka-TOR-say*
fox **el zorro** *SO-rro*
French fries **las papas fritas**
  PA-pas FREE-tas
friend **el amigo/la amiga**
  a-MEE-go/a-MEE-ga
frog **la rana** *RA-na*
fruit **la fruta** *FROO-ta*
fruit and vegetable store
  la verdulería *bair-doo-le-REE-a*
fruit juice **el jugo de fruta**
  HU-go day FROO-ta
fruit tart **la tarta de frutas**
  TAR-ta day FROO-tas
garden **el jardín** *har-DEEN*
gasoline **la gasolina** *gas-o-LEE-na*
gas station **la estación de**
  servicio *e-stas-YON day*
  sair-VEE-see-o
gift **el regalo** *ray-GA-lo*
giraffe **la jirafa** *hee-RA-fa*
girl **la niña** *NEEN-ya*
glass **el vaso** *BA-so*
glasses **los anteojos** *an-tay-O-hos*
globe **el globo terráqueo**
  GLO-vo te-RRA-kay-o
gloves **los guantes** *GWAN-tes*
goat **la cabra** *KA-bra*
goldfish **el pez de colores**
  pes day ko-LOR-es
goodbye **adiós** *a-dee-OS*
goose **el ganso** *GAN-sow*

grapes **las uvas** *OO-vas*
grass **el césped** *SES-peth*
gray **gris** *grees*
green **verde** *BAIR-day*
greenhouse **el invernadero**
  im-bair-na-DAIR-o
hairbrush **el cepillo del pelo**
  se-PEEL-yo PAY-lo
ham **el jamón** *ha-MON*
hat (with brim) **el sombrero**
  som-BRAIR-o
hat (woolly) **el gorro** *GORR-o*
hedgehog **el erizo** *e-REE-so*
helicopter **el helicóptero**
  el-ee-KOP-te-ro
hello **hola** *O-la*
hen **la gallina** *gal-YEE-na*
hockey **el hockey sobre hielo**
  O-kee SObray YAY-lo
home **la casa** *KA-sa*
honey **la miel** *mee-EL*
horse **el caballo** *ka-VAL-yo*
hot chocolate **el chocolate**
  cho-ko-LA-tay
house **la casa** *KA-sa*
hundred **cien/ciento**
  see-EN, see-EN-to
ice cream **el helado** *e-LA-do*
jam **la mermelada** *mair-me-LA-da*
jug **la jarra** *HA-rra*
kangaroo **el canguro** *kan-GOO-ro*
key **la llave** *LYA-vay*
kitchen **la cocina** *ko-SEEN-a*
kite **el papalote** *pa-pa-LOW-tay*
knife **el cuchillo** *koo-CHEEL-yo*
ladybug **la catarina** *ka-ta-REE-na*
lamp **la lámpara** *LAM-pa-ra*
leaf **la hoja** *O-ha*
leg **la pierna** *PYAIR-na*
lemon **la lima** *LEE-ma*
lettuce **la lechuga** *le-CHOO-ga*
light **la luz** *LOOS*
lighthouse **el faro** *FA-ro*
lightning **el relámpago**
  re-LAMP-a-go
lime **el limón** *lee-MON*
lion **el león** *lay-ON*
living room **la sala** *SA-la*
lizard **el lagarto** *la-GAR-to*
lobster **la langosta** *lang-GOST-a*
map **el mapa** *MA-pa*
meat **la carne** *KAR-nay*
melon **el melón** *may-LON*

merry-go-round **el carrusel** *ka-rru-SEL*

milk **la leche** *LAY-chay*

milkshake **la malteada** *mal-tay-AH-da*

million **un millón** *meel-YON*

mirror **el espejo** *e-SPAY-ho*

mom **la mamá** *ma-MA*

monkey **el mono** *MO-no*

moon **la luna** *LOO-na*

moped **la motoneta** *mot-to-NAY-ta*

motorbike **la moto** *MO-to*

mouse **el ratón** *rra-TON*

napkin **la servilleta** *sair-veel-YET-a*

newspaper **el periódico** *pe-ree-OD-ee-co*

nine **nueve** *NWAY-vay*

nineteen **diecinueve** *dee-es-ee NWAY-vay*

ninety **noventa** *no-VEN-ta*

no-entry sign **la señal de prohibido el paso** *sen-YAL day pro-ee-BEE-do el PA-so*

octopus **el pulpo** *POOL-po*

olive oil **el aceite de oliva** *a-SAEE-tay day o-LEE-va*

one **un/uno/una** *oon/OO-no/OO-na*

onion **la cebolla** *say-VOL-ya*

orange **la naranja** *na-RAN-ha*

orange juice **el jugo de naranja** *HU-go day na-RAN-ha*

oval **el óvalo** *O-va-lo*

owl **el búho** *bOO-o*

paintbrush **el pincel** *pin-SEL*

pants **los pantalones** *pan-ta-LO-nes*

paper **el papel** *pa-PEL*

park **el parque** *PAR-kay*

parrot **el loro** *LOR-o*

passengers **los pasajeros** *pa-sa-HAIR-os*

passport control **el control de pasaportes** *kon-TROL day pa-sa-POR-tes*

pasta **la pasta** *PAS-ta*

peach **el durazno** *due-RAS-no*

pear **la pera** *PAIR-a*

peas **los chícharos** *CHEE-cha-ros*

pen **la pluma** *PLOO-ma*

pencil **el lápiz** *LAP-ees*

penguin **el pingüino** *ping-GWEEN-o*

pepper (spice) **la pimienta** *peem-YEN-ta*

pepper (vegetable) **el pimiento** *peem-YEN-to*

picnic **el picnic** *peek-NEEK*

picture **el dibujo** *dee-VOO-ho*

pig **el cerdo** *SAIR-do*

pigeon **la paloma** *pa-LO-ma*

pineapple **la piña** *PEEN-ya*

ping pong **el ping-pong** *ping-PONG*

pink **rosa** *RRO-sa*

plate **el plato** *PLA-to*

plum **la ciruela** *seer-WAY-la*

pork **la carne de cerdo** *KAR-ne day SAIR-do*

potato **la papa** *PA-pa*

puddle **el charco** *CHAR-ko*

pumpkin **la calabaza** *ka-la-VA-sa*

purple **morado/morada** *mo-RA-do/mo-RA-da*

rabbit **el conejo** *ko-NE-ho*

raft, inflatable **el bote inflable** *BO-te een-FLA-ble*

rain **la lluvia** *LYOO-vee-a*

rake **el rastrillo** *ras-TREEL-yo*

raspberry **la frambuesa** *fram-BWAY-sa*

rectangle **el rectángulo** *rek-TANG-gu-lo*

red **rojo/roja** *RRO-ho/RRO-ha*

rice **el arroz** *a-RROS*

river **el río** *RREE-o*

road **el camino** *ka-MEE-no*

rooster **el gallo** *GAL-yo*

rugby **el rugby** *RROOG-bee*

ruler **la regla** *RREG-la*

runway signalman **el operador de plataforma** *o-pea-ra-Door de pla-ta-For-Ma*

salad **la ensalada** *en-sa-LA-da*

salt **la sal** *sal*

sand **la arena** *a-RAY-na*

sandcastle **el castillo de arena** *kas-TEEL-yo day a-RAY-na*

sandwich **el sándwich** *SANG-gweetch*

scarf **la bufanda** *boo-FAND-a*

school **la escuela** *es-KWAY-la*

scissors **las tijeras** *tee-HAIR-as*

scooter (child's) **la patineta** *pa-tee-NAY-ta*

sea **el mar** *mar*

seagull **la gaviota** *ga-vee-OT-a*

sea lion **el león marino** *lay-ON ma-REE-no*

season **la estación** *e-sta-see-ON*

seven **siete** *see-AY-tay*

seventeen **diecisiete** *dee-es-ee-see-AY-tay*

seventy **setenta** *set-ENT-a*

shape **la forma** *FOR-ma*

shark **el tiburón** *tee-voo-RON*

sheep **la oveja** *o-VAY-ha*

shelf **el estante** *e-STAN-tay*

shell **la concha** *KON-cha*

shirt **la camisa** *ka-MEE-sa*

shoes **los zapatos** *sa-PA-tos*

sister **la hermana** *air-MA-na*

six **seis** *SAY-ees*

sixteen **dieciséis** *dee-es-ee SAY-ees*

sixty **sesenta** *se-SEN-ta*

skiing **el esquí** *e-SKEE*

skirt **la falda** *FAL-da*

sky **el cielo** *see-AY-lo*

snail **el caracol** *ka-ra-KOL*

snake **la serpiente** *sairp-YEN-tay*

snow **la nieve** *NYAY-vay*

soap **el jabón** *ha-BON*

soccer **el fútbol** *FOOT-bol*

socks **los calcetines** *kal-se-TEE-nes*

sofa **el sofá** *so-FA*

soup **la sopa** *SO-pa*

spoon **la cuchara** *koo-CHAR-a*

sport **el deporte** *day-POR-tay*

spring **la primavera** *pree-ma-VAIR-a*

square **el cuadrado** *kwa-DRA-do*

squirrel **la ardilla** *ar-DEEL-ya*

star **la estrella** *es-TRAIL-ya*

starfish **la estrella de mar** *es-TRAIL-ya day mar*

store **la tienda** *tee-END-a*

strawberry **la fresa** *FRAY-sa*

student **el alumno/la alumna** *a-LOOM-no/a-LOOM-na*

subway train **el metro** *MET-ro*

sugar **el azúcar** *a-SOO-kar*

suitcase **la maleta** *ma-LAY-ta*

summer **el verano** *be-RA-no*

sun **el sol** *sol*

swan **el cisne** *SEEZ-nay*

sweater **el suéter** *SWAY-tair*

swimming **la natación** *naa-taa-see-ON*

table **la mesa** *MAY-sa*

tablecloth **el mantel** *man-TEL*

taxi **el taxi** *TAK-see*

tea **el té** *tay*

teacher **el maestro/la maestra** *ma-EST-ro/ma-EST-ra*

television **la televisión** *tay-lay-vees-YON*

ten **diez** *dee-ES*

tennis **el tenis** *TEN-ees*

thirteen **trece** *TRAY-say*

thirty **treinta** *TRAY-een-ta*

thirty-two **treinta y dos** *TRAY-een-ta ee dos*

thousand **mil** *meel*

three **tres** *tress*

tickets **los boletos** *bo-LAY-tos*

tiger **el tigre** *TEE-gray*

toast **el pan tostado** *pahn tos-TA-do*

tomato **el jitomate** *he-to-MA-tay*

toothbrush **el cepillo de dientes** *se-PEEL-yo day dee-EN-tes*

toothpaste **la pasta de dientes** *PAS-ta day dee-EN-tes*

tortoise **la tortuga** *tor-TOO-ga*

toucan **el tucán** *too-KAN*

towel **la toalla** *to-AL-ya*

toy boat **el barco de juguete** *BAR-ko day hoo-GAY-tay*

toys **los juguetes** *hoo-GAY-tays*

toy store **la juguetería** *hoo-ge-te-REE-a*

tractor **el tractor** *trak-TOR*

traffic light **el semáforo** *se-MA-for-o*

train **el tren** *tren*

train station **la estación** *e-stas-YON*

travel **los viajes** *bee-A-hes*

tree **el árbol** *AR-bol*

triangle **el triángulo** *tree-ANG-gu-lo*

truck **el camión** *cam-ee-ON*

tunnel **el túnel** *TOO-nel*

twelve **doce** *DO-say*

twenty **veinte** *BAY-een-tay*

twenty-five **veinticinco** *bay-een-tay-SINK-o*

two **dos** *dos*

umbrella **el paraguas** *pa-RA-gwas*

vegetable **la verdura** *bair-DOO-ra*

wall **la pared** *pa-RED*

wardrobe **el armario** *aar-MA-ree-o*

watch **el reloj** *rre-LO*

water **el agua** (feminine) *A-gwa*

watering can **la regadera** *rre-ga-DAIR-a*

watermelon **la sandía** *san-DEE-a*

weather **el clima** *KLEE-ma*

whale **la ballena** *bal-YAYN-a*

white **blanco/blanca** *BLANK-o/BLANK-a*

wind **el viento** *BYEN-to*

window **la ventana** *ben-TA-na*

windsurfing **el surfear a vela** *soor-fay-AR-a VAY-la*

winter **el invierno** *im-BYAIR-no*

worm **la lombriz** *lom-BREES*

yellow **amarillo/amarilla** *a-ma-REEL-yo/a-ma-REEL-ya*

yogurt **el yogur** *yo-GOOR*

zebra **la cebra** *SE-bra*

zero **cero** *SE-ro*

zoo **el zoológico** *SO-LO-hee-ko*

Spanish to English dictionary

la abeja bee
el abrigo coat
el aceite de oliva olive oil
adiós goodbye
el aeropuerto airport
el agua (feminine) water
la alfombra carpet
el alumno/la alumna student
amarillo/amarilla yellow
la ambulancia ambulance
el amigo/la amiga friend
el animal animal
los anteojos glasses
el apio celery
el árbol tree
la ardilla squirrel
la arena sand
el armario wardrobe
el arroz rice
el autobús bus
el avión airplane
el azúcar sugar
azul blue
la ballena whale
la banca bench
el baño bath
el barco boat
el barco de juguete toy boat
la bebida drink
la bicicleta bicycle
blanco/blanca white
los boletos tickets
las botas boots
el bote inflable inflatable raft
la botella bottle
la bufanda scarf
el búho owl
el burro donkey
el caballo horse
la cabra goat
café brown
el café coffee
la caja box
la calabaza pumpkin
los calcetines socks
la cama bed
el camino road
el camión truck
la camisa shirt
el cangrejo crab
el canguro kangaroo

el caracol snail
la carne de cerdo pork
la carne de vaca beef
los carritos de equipaje baggage cart
el carrusel merry-go-round
la casa home, house
el castillo de arena sandcastle
la catarina ladybug
catorce fourteen
la cebolla onion
la cebra zebra
el cepillo de dientes toothbrush
el cepillo del pelo hairbrush
el cerdo pig
el cereal cereal
la cereza cherry
cero zero
el césped grass
la cesta basket
el charco puddle
los chícharos peas
el chocolate chocolate, hot chocolate
el cielo sky
cien/ciento hundred
cinco five
cincuenta fifty
el círculo circle
la ciruela plum
el cisne swan
el clima weather
el coche car
la cocina kitchen
el cocodrilo crocodile
la col cabbage
el color color
el comedor dining room
la comida food
la concha shell
el conejo rabbit
el control de pasaportes passport control
el cuadrado square
cuarenta forty
el cuarto de baño bathroom
cuatro four
la cuchara spoon
el cuchillo knife
el deporte sport
el desayuno breakfast
el desván attic

el dibujo picture
diecinueve nineteen
dieciocho eighteen
dieciséis sixteen
diecisiete seventeen
diez ten
doce twelve
el dormitorio bedroom
dos two
los dulces candy
el durazno peach
el elefante elephant
la ensalada salad
el equipaje baggage
el erizo hedgehog
el escritorio desk
la escuela school
el espejo mirror
el esquí skiing
la estación season, station
la estación de servicio gas station
el estante shelf
la estrella star
la estrella de mar starfish
la falda skirt
el faro lighthouse
la flor flower
la forma shape
la frambuesa raspberry
la fresa strawberry
los frijoles beans
la fruta fruit
la fuente fountain
el fútbol soccer
la galleta cracker
la gallina hen
el gallo rooster
el ganso goose
la gasolina gasoline
el gato cat
la gaviota seagull
el globo balloon
el globo terráqueo globe
el gorro woolly hat, cap
la granja farm
el granjero farmer
gris gray
los guantes gloves
el helado ice cream
el helicóptero helicopter
la hermana sister

el hermano brother
el higo fig
el hockey field hockey
el hockey sobre hielo hockey
la hoja leaf
hola hello
la hormiga ant
el huevo egg
el invernadero greenhouse
el invierno winter
el jabón soap
el jamón ham
el jardín garden
la jarra jug
la jirafa giraffe
el jitomate tomato
el jugo de fruta fruit juice
el jugo de naranja orange juice
la juguetería toy store
los juguetes toys
el lagarto lizard
la lámpara de noche bedside lamp
la langosta lobster
el lápiz pencil
la leche milk
la lechuga lettuce
el león lion
el león marino sea lion
la libélula dragonfly
el libro book
la lima lemon
el limón lime
la llave key
la lluvia rain
la lombriz worm
el loro parrot
la luna moon
la luz light
la malteada milkshake
el maestro/la maestra teacher
el maíz corn
la maleta suitcase
la mamá mom
la manta blanket
el mantel tablecloth
la mantequilla butter
la manzana apple
el mapa map
el mar sea

la mariposa butterfly
el melón melon
la mermelada jam
la mesa table
el metro subway train
la miel honey
mil thousand
un millón a million
el mono monkey
morado/morada purple
la moto motorbike
la motoneta moped
la naranja orange (fruit)
naranja orange (color)
la natación swimming
negro/negra black
la nieve snow
la niña girl
el niño boy
noventa ninety
la nube cloud
nueve nine
ochenta eighty
ocho eight
once eleven
el operador de plataforma
   runway signalman
el oso bear
el otoño fall
el óvalo oval
la oveja sheep
el pájaro bird
la paloma pigeon
el pan bread
el pan de cuerno croissant
el pan tostado toast
la panadería bakery
los pantalones pants
la papa potato
el papá dad
el papalote kite
las papas fritas French fries
el papel paper
el paraguas umbrella
la pared wall
el parque park
los pasajeros passengers
la pasta pasta
la pasta de dientes toothpaste
el pastel cake
la patineta scooter (child's)
el pato duck
el peine comb
la pelota ball, beach ball
la pera pear

el periódico newspaper
el perro dog
el pez fish
el pez de colores goldfish
el picnic picnic
la pierna leg
la pimienta pepper (spice)
el pimiento pepper (vegetable)
la piña pineapple
el ping-pong ping pong
el pincel paintbrush
el pingüino penguin
el plato hondo bowl
el plátano banana
el plato plate
la playa beach
la pluma pen
el pollito chick
el pollo chicken
la primavera spring
el puente bridge
la puerta door
el pulpo octopus
el queso cheese
quince fifteen
la rana frog
el rastrillo rake
el ratón mouse
el rectángulo rectangle
la regadera watering can
el regalo gift
la regla ruler
el relámpago lightning
el reloj clock, watch
el río river
rojo/roja red
la ropa clothes
rosa pink
el rugby rugby
el saco bag
la sal salt
la sala living room
la sandía watermelon
el sándwich sandwich
seis six
el semáforo traffic light
la señal de prohibido el paso
   no-entry sign
la serpiente snake
la servilleta napkin
sesenta sixty
setenta seventy
siete seven
la silla chair
el sobre envelope

el sofá sofa
el sol sun
el sombrero hat (with brim)
la sopa soup
el súeter sweater
el surfear a vela windsurfing
la tarta de frutas fruit tart
el taxi taxi
la taza cup
el té tea
la televisión television
el tenedor fork
el tenis tennis
el tiburón shark
la tienda store
la tienda de ropa clothing store
el tigre tiger
las tijeras scissors
la toalla towel
la tortuga tortoise
el tractor tractor
trece thirteen
treinta thirty
treinta y dos thirty-two
el tren train
tres three
el triángulo triangle
el tucán toucan
el túnel tunnel
un/uno/una one
las uvas grapes
la vaca cow
el vaso glass
veinte twenty
veinticinco twenty-five
el venado deer
la ventana window
el verano summer
verde green
la verdulería fruit and
   vegetable store
las verduras vegetables
el vestido dress
los viajes travel
el viento wind
el yogur yogurt
la zanahoria carrot
los zapatos shoes
el zoológico zoo
el zorro fox

Learning notes and tips

Using the book and stickers

Each Spanish word in this book has the English translation underneath. The repositionable stickers show 100 useful words, many of which are illustrated in the book. You can place them on objects around the house or on pictures of the items to help you to learn them. All of the words in the illustrated pages and stickers also appear in the dictionary pages.

Learning tips

- Pick a topic each week and learn the vocabulary. Practice food words as you walk around the supermarket, or point out objects on the street.
- Word association game: Think of a word in Spanish; the next player then thinks of a related word, such as 'el césped', 'el pájaro', 'el árbol'. When you run out of words, start a new topic.
- Place the stickers on objects that you can see, then play 'I Spy' using the Spanish words.

Spanish pronunciation

The English–Spanish dictionary on pages 54–55 includes a pronouncing guide. The pronunciation of some letters may surprise you:

b and **v** are both pronounced the same. Usually the sound is somewhere between b and v, but it becomes more b-like at the beginning of a word or after an m or an n.

This book gives Latin American-style pronunciation where **z** (and **c** when it comes before e or i) is pronounced with an 's' sound. In many parts of Spain, the same letters are pronounced as 'th'.

The letter **r** is never silent in Spanish. At the beginning of a word, and when it is written double, it has a strong, rolled sound.

h is always silent.

j (and **g** before e or i) is an 'h' sound.

Masculine and feminine

All Spanish nouns are either masculine or feminine. To remember which is which, learn each noun with the definite article in front of it. Masculine nouns have **el** in the singular, **los** in the plural. Feminine nouns have **la** in the singular, **las** in the plural. An exception is 'el agua', which has the **el** article even though it is feminine.

¡Adiós!

ALAIN GRÉE

For more on Button Books, contact:

GMC Publications Ltd
Castle Place, 166 High Street, Lewes, East Sussex, BN7 1XU
United Kingdom
Tel +44 (0)1273 488005   Fax +44 (0)1273 402866
www.buttonbooks.co.uk

la miel

el caballo

el globo terráqueo

el león

la jarra

la ensalada

el círculo

el cepillo del pelo

sesenta

las anteojos

el cisne

la hoja

las papas fritas

el sombrero

el melón

la gasolina

la hormiga

la col

la taza

la sopa

la calabaza

el mono

el tiburón

la papa

los dulces

la camisa

la nube

la cesta

veinticinco

el azúcar

el pollito

quince

el sándwich

la paloma

el periódico

el peine

el plato hondo

el triángulo

la cabra

el tractor